आग सुरक्‌षा सुझाव

फायर फाइटर माइक

द्‌वारा ल खत:

माइकल वेंटरोसो

लेखक के बारे म

मेरा नाम माइकल वेंटरोसो है। मैं एक अद्भुत बेटी का पता हू ँ, जो 2006 से 2022 तक अमे रकी मरीन कॉप्स की गौरवान्वित पूव सैनक, बोस्टन फायर फाइटर रही है। और 2022 से आज तक बोस्टन फायर इन्वेसि्टगेटर के रूप में कायरत है। सालों पहले अपनी बेटी के स्कूल में अग्ि्न सुरक्षा संबंधी कई कक्षाएं पढ़ाने के बाद, मुझे एक बात का एहसास हुआ। सभी बच्चे हाथ उठाकर मेरी नौकरी के बारे में ढेर सारे सवाल पूछते थे।

हालाँक यह पहली कताब मेरे द्वारा पढ़ाए गए अग्ि्न सुरक्षा पाठ का एक नमूना है, लेकन मुझे एक और बात समझ में आई। मेरे कई साथी प्रथम प् रत याकताओं के कामों के बारे में भी मेरे मन में सवाल थे। कई महीनों के साक्षात्कारों और सभी छोटी-छोटी बारीकयों को ठीक से समझने के बाद, मैंने बच्चों के लए स्थानीय नायकों और उनके काय पर आधारत कताबों की एक पूरी श्रृ ंखला लखने का फैसला कया ताक उन सवालों के जवाब मल सकें । आनंद लें !!

समपण

सम पत: जियो, मेरे सबसे बड़े प्रशंसक!!
और उन सभी बच्चों को जो "अपना हाथ"
उठाते हैं

अध्‌याय 1. आपके घर में धुआँ

अगर आपके घर में आग लगी है, तो कभी-कभी आपको उसकी गंध आती है। यह आग की तरह महकती है और कभी-कभी आपको धुआँ दखाई देता है और खांसी भी आने लगती है। धुआँ बहुत घनौना होता है।

इसीलए आपको हमेशा ज़मीन के जितना नीचे हो सके उतना नीचे जाना चाहए। इससे आपको धुएँ के नीचे जाने में मदद मलेगी और कभी-कभी आप उसके नीचे रेंग भी सकते हैं। आपकी आँखों में थोड़ी जलन हो सकती है, लेकन आप जितनी जल्‌दी हो सके घर से बाहर नकलना चाहेंगे।

इसलए आग लगने की सि्थत में अपने माता-पता से मलने की योजना बनाना एक अच्‌छा वचार है। अगर हो सके , तो जितनी जल्‌दी हो सके बाहर नकलने की कोशश करें, अगर ऐसा करना सुरक्‌षत हो। अपने खलौनों की चंता न करें।

अध्याय 2. आग लगने वाली चीजें

आग लगने का कारण कई चीजें हैं, यहां कुछ उदाहरण दए गए हैं:

1. चूल्हे पर खाना बनाते समय हुई दुघटना। संक के नीचे या चूल्हे के पास आग बुझाने का यंत्र ज़रूर रखें और जाँच लें क वह काम कर रहा है या नहीं। उसके ऊपर एक छोटा सा गोला होगा। ध्यान रखें क सुई हरे हस्से के अंदर नुकीली हो। अगर नहीं है, तो अपने मम्मी या पापा से कहए क उसे बदल दें।

GREEN
Extinguisher

2. एक मोमबत्ती जो जल रही हो और उसे कोई देख न रहा हो। अगर आपके घर में कुत्ता या बल्ली जैसे पालतू जानवर हैं, तो कभी-कभी वे मेज़ से टकराकर मोमबत्ती गरा सकते हैं। कमरे से बाहर नकलते समय हमेशा मोमबत्ती बुझाना न भूलें।

3. कभी-कभी हीटर बहुत ज्यादा गम हो जाने या फ़नचर के बहुत पास रख देने पर आग लग सकती है। सुनचित करें क उसके आस-पास पयाप्त जगह हो और उसे कभी भी बहुत देर तक प ्लग में लगा हुआ न छोड़ें या घर में अकेला न छोड़ें।

4. कई बार कसी के पास कपड़े सुखाने की मशीन बहुत गंदी हो सकती है, और उसमें लंट जमा हो जाता है और आग लग जाती है। कपड़े सुखाने के बाद कसी बड़े से लंट ट्रैप की जाँच ज़रूर करवाएँ, क्योंक कभी-कभी बड़े भी भूल जाते हैं।

5. समस ट्री भी आग का कारण बन सकते हैं, खासकर अगर समस ट्री स्टैंड में पानी न हो और वह बहुत सूखा हो। अगर आपको समस ट्री पर भूरे रंग की सुइयाँ या फश पर बहुत सारी सुइयाँ दखाई देने लगें, तो कसी से जाँच करवाएँ और सुनचित करें क उसमें पानी तो नहीं है।

water me!!

6. बजली के तार भी आग लगा सकते हैं। कभी-कभी ये दीवार के पीछे होने के कारण छपकर भी लग सकते हैं। अगर आपको जलने की गंध आए, तो कसी बड़े को बताएँ।

sniff
sniff

अध्याय 3. अग्निशमन कम

जब आप कसी फायर फाइटर को देखते हैं, तो वो आम तौर पर बल्कुल सामान्य दखते हैं, है ना? वो आमतौर पर नीली पैंट और नीली शट पहनते हैं।

MIKE

अगर आग लग जाए, तो फायर फाइटर अलग दखेंगे। लेकन डरए मत, वे फायर फाइटर का हेलमेट, मास्क, बोतल, बड़े दस्ताने, फायर फाइटर का कोट और पैंट, बड़े जूते, टॉच पहने होंगे, और कभी-कभी उनके हाथ में कोई औज़ार या नली भी होगी।

यह पहले जैसा ही व्यक्ित है, लेकन अब उन्होंने अपने सभी सुरक्षात्मक उपकरण पहन रखे हैं। हालाँक वे डरावने लग सकते हैं, या आप थोड़ा डर सकते हैं, लेकन अग्िनशमनकम आपकी रक्षा करने और आपको बाहर नकलने में मदद करने के लए मौजूद हैं। अग्िनशमनकम हमेशा उन बच्चों और पालतू जानवरों का ध्यान रखते हैं जो कभी-कभी आग लगने के दौरान डर जाते हैं और खो जाते हैं।

तो याद रखें, अगर आप धुएँ से दूर बाहर नकलने की कोशश कर रहे हैं, तो हमेशा नीचे रहें और दमकल के सायरन की आवाज़ सुनें। अगर आप बाहर नहीं जा सकते, तो हमेशा कुछ शोर मचाएँ ताक वे आपको ढूँढ सकें और यह भी सुनचित करें क आप सुरक्षत जगह पर हैं। कभी भी ऐसी जगह न छुपें जहाँ वे आपको ढूँढ न सकें ।

अध्याय 4. दरवाजे और खड़ कयाँ

आपको खाने में क्या सबसे ज़्यादा पसंद है? आग की पसंदीदा चीज़ों में से एक है लकड़ी और ऑक्सीजन। क्या आप जानते हैं क जब आप दरवाज़ा और खड़की बंद कर देते हैं, तो आग उस जगह साँस नहीं ले पाती?

यह कुछ ऐसा ही है जैसे जब आप कसी पूल या समुद्र में पानी के नीचे जाते हैं, तो आपकी साँस फूल जाती है, है ना? आग भी साँस फूल सकती है। इस लए, याद रखें, अगर आपके घर में छोटी सी आग लग जाए और आप उसे बाहर बुझा दें, तो दरवाज़ा या खड़की कभी भी खुली न छोड़ें। अपने पीछे सभी दरवाज़े बंद करके आप सबसे अच्छे अग्निशमनकम की मदद कर सकते हैं। इससे आग ज. ्यादा दूर तक नहीं फैल पाएगी, ले कन दरवाज़ा बंद करने के लए कभी भी आग के पास से आगे न जाएँ। हमेशा पहले बाहर जाएँ और अपने प रवार से मलने की जगह की योजना तैयार रखें।

अध्याय 5. धुआँ डटेक्टर

स्मोक डटेक्टर आमतौर पर आग की गंध सबसे पहले पहचान लेते हैं, खासकर रात में जब आप सो रहे होते हैं। ये आमतौर पर सफेद रंग के होते हैं और छत पर लगे होते हैं। कुछ पर लाल या हरे रंग का एक बंदु होता है जिसे आप केवल रात में ही देख सकते हैं। ये बहुत मददगार होते हैं और वास्तव में सभी को सुरक्षत बाहर नकालने का सबसे अच्छा तरीका है। अगर आप कसी पैदल दौड़ में हों और कोई आपको पहले से आगे नकल जाए, तो आप बहुत खुश होंगे क्योंक शायद आप दौड़ जीत जाएँगे, है ना? वह स्मोक डटेक्टर आपका पहला कदम है और यह सुनचित करने का एक गुप्त तरीका है क आप हर बार पहले से आगे रहें। हमेशा सुनचित करें क आपकी बैटरी नई हों। मेरे पास याद रखने का एक गुप्त तरीका है, लेकन आपको इसे सभी के साथ साझा करने का वादा करना होगा, ठीक है? अपने अगले जन्मदन पर, जब आप कोई इच्छा करें और अपनी मोमबत्तयाँ बुझाएँ और जब मोमबत्तयाँ बुझाने के बाद आपको धुआँ दखाई दे, तो अपने माता-पता को स्मोक डटेक्टर की बैटरी बदलने के लए याद दलाएँ। स्मोक डटेक्टर की बैटरी आमतौर पर लगभग एक साल तक चलती है। तो भले ही यह आपका जन्मदन हो, आप यह सुनचित करने में मदद करने के लए भी ज़िम्मेदार हो सकते हैं क सभी सुरक्षत रहें। आप एक हीरो हैं!!

अध्याय 6. पालतू जानवर

पालतू जानवर प रवार का हस्सा होते हैं। आपके पास कुत्ता, बल्ली, च ड़या, साँप या कछुआ हो सकता है। कभी-कभी पालतू जानवर हमारे साथ हमारे कमरों में सोना पसंद करते हैं। क्या आप जानते हैं क कुत्ते और बल्ली की सू ंघने की शक्ति हमसे 15 गुना ज़्यादा होती है? कभी-कभी तो उससे भी ज़्यादा। कभी-कभी उन्हें आग की गंध सबसे पहले आ जाती है और वे छपने की को शश भी करते हैं क्यों क स्मोक डटेक्टर बज रहे होते हैं और यह उनके लए डरावना होता है, क्यों क सो चए क्या होता है? कुत्तों और बल्लियों, दोनों की सुनने की क

्षमता हमसे कहीं बेहतर होती है। यह कभी-कभी उनके लए और भी डरावना होता है, इस लए वे शोर से बचने के लए छपने की को शश करते हैं। अगर आप उन्हें आसानी से ढू ंढ सकते हैं, तो उन्हें उठाकर अपने साथ बाहर ले आएँ। अगर नहीं, तो कोई बात नहीं, बस दमकलक मयों को बता दें क वे कस कमरे में हैं और वे उन्हें ढूँढ़ लेंगे। इस लए दरवाज़ा बंद करना और भी ज़रूरी है, क्यों क जिस कमरे में वे हैं, वहाँ आग साँस नहीं ले पाएगी।!!

I'M SCARED
OH, MEOW

अध्याय 7. मदद के लए आप क्या कर सकते हैं

कभी-कभी बड़े लोग बहुत व्यस्त होते हैं, इसलए कुछ चीज़ें हैं जो आप कर सकते हैं या नहीं कर सकते, जो मददगार हो सकती हैं। सबसे पहले, माचस या लाइटर से कभी न खेलें, खासकर घर में जहाँ कोई बड़ा मौजूद न हो। दूसरा, अपने घर का एक नक्शा बनाएँ और सभी दरवाज़ों और खड़कयों के पास छोटे-छोटे X बनाएँ। मान लीजिए क कोई छत नहीं है, इसलए यह एक आयत जैसा दखना चाहए जिसके अंदर कमरों की जगह पर छोटे-छोटे वग हों। अंत में, जब आपका नक्शा बन जाए, तो अपने माता-पता से पूछें क आप सभी बाहर कहाँ मलेंगे और उस जगह पर एक तारा लगाएँ। अंत में, नक्शे के नीचे अपने पालतू जानवरों का प्रकार, रंग और नाम लखें।

उदाहरण के लए:

सफ़ेद पंजों वाला भूरा कुत्ता: भाग्यशाली, माता-पता के कमरे में सोता है

सफेद पेट वाली काली बल्ली: रोमयो, आमतौर पर लवंग र

ूम के सोफे पर सोती है

ग

रे और भूरे रंग की बल्ली: पंजा, मेरी कोठरी में सोती है

कछुआ: काला खोल और लाल धारयाँ। मेरे बेडरूम में मेज़ पर कटोरा

और यद आप वास्तव में और भी अधक मददगार बनना चाहते हैं, तो इसमें यह भी जोड़ें क वे आमतौर पर कहां सोते हैं या डर लगने पर वे कहां जाते हैं।

JENSON
LIVING ROOM
KITCHEN
Table
Stove
2
= CLOSETS
= WINDOWS

MOM
DAD

आप बन रहे हैं
सवश्रेष्ठ अग्निशामक
ऐसा करके सहायक

OUR FIRE DRILL- DONE

www.ingramcontent.com/pod-product-compliance
Lightning Source LLC
LaVergne TN
LVHW022111071026
849580LV00014B/2065